ÉDOUARD DREUX

1876-1923

ÉDOUARD DREUX

CHEVALIER DE LA LÉGION D'HONNEUR
INGÉNIEUR DES ARTS ET MANUFACTURES

ADMINISTRATEUR-DIRECTEUR GÉNÉRAL
DE LA SOCIÉTÉ DES ACIÉRIES DE LONGWY

ADMINISTRATEUR DE LA SOCIÉTÉ DES MINES DE VALLEROY
ADMINISTRATEUR DE LA SOCIÉTÉ LORRAINE DE CARBONISATION
ADMINISTRATEUR DE L'ASSOCIATION COOPÉRATIVE ZÉLANDAISE DE CARBONISATION
ADMINISTRATEUR DU CHARBONNAGE KARL-ALEXANDER
ADMINISTRATEUR DE LA SOCIÉTÉ DES MINES DE GODBRANGE
VICE-PRÉSIDENT DE LA SOCIÉTÉ ÉLECTRIQUE " LA SIDÉRURGIE LORRAINE "
ADMINISTRATEUR DE LA SOCIÉTÉ LORRAINE MINIÈRE ET MÉTALLURGIQUE
ADMINISTRATEUR DE LA SOCIÉTÉ " LONGOVICA "
ADMINISTRATEUR DE LA SOCIÉTÉ " LOUVROIL ET RECQUIGNIES "
ADMINISTRATEUR DES ATELIERS DE CONSTRUCTION DU NORD DE LA FRANCE
VICE-PRÉSIDENT DES FORGES ET ATELIERS DE COMMENTRY-OISSEL
ADMINISTRATEUR DE LA SOCIÉTÉ DES ANCIENS ÉTABLISSEMENTS JOUBERT ET Cie
ADMINISTRATEUR DU COMPTOIR DE L'INDUSTRIE, A REIMS
ADMINISTRATEUR DES ENTREPOTS MÉTALLURGIQUES DE NANTES
PRÉSIDENT DU CONSEIL DE SURVEILLANCE DE LA SOCIÉTÉ AERTS, PÉQUART ET Cie
ADMINISTRATEUR DE LA SOCIÉTÉ DES PRODUITS RÉFRACTAIRES DE LONGWY
ADMINISTRATEUR DES CHARBONNAGES
DE FAULQUEMONT, HAUTE-VIGNEULLES ET LONGEVILLE
MEMBRE DU COMPTOIR SIDÉRURGIQUE DE FRANCE
MEMBRE DU COMPTOIR DES TOLES ET LARGES-PLATS
MEMBRE DE L'ASSOCIATION DES ANCIENS ÉLÈVES DE L'ÉCOLE CENTRALE
DES ARTS ET MANUFACTURES (GROUPE DE LONGWY-LUXEMBOURG)
MEMBRE DE L'UNION DES OFFICIERS DE COMPLÉMENT DE LONGWY-LUXEMBOURG

MEMBRE CORRESPONDANT DES CHAMBRES DE COMMERCE DE NANCY ET DE SEDAN

M. Édouard Dreux naquit à Redon, le 7 août 1876. Quelques mois après sa naissance, sa famille l'emmenait à Longwy, où son père, M. Alexandre Dreux, était appelé à la Direction du Comptoir Métallurgique de Longwy, qui venait d'être fondé, fonction qu'il devait résigner en 1888 pour entrer à la Société des Aciéries de Longwy, en qualité d'Administrateur-Directeur général. Il connut donc, dès sa plus tendre enfance, la région où, sauf la période de guerre, allait s'écouler toute sa vie active. Nul doute que le spectacle de cette contrée industrielle où, dès cette époque, sous l'impulsion vigoureuse des Maîtres de Forges, la vie allait rapidement devenir si intense et la métallurgie prendre un essor si remarquable, n'ait produit sur l'enfant une impression profonde : il assista aux développements successifs de l'industrie ; de tous côtés, il eut sous les yeux les exemples d'un travail acharné, arrivant à bout de tous les obstacles et de toutes les difficultés, créant le progrès et la prospérité. Il est permis de penser que cette forte leçon de choses a contribué à déterminer l'avenir de l'ingénieur, auquel un de ses amis, qui l'ont le mieux connu, devait rendre hommage et dont il devait résumer la carrière si remplie en ces termes :

« Travailleur infatigable, rien de ce qui touchait à notre industrie ne lui était étranger, avec une vigilance toujours en éveil, il suivait tous les perfectionnements réalisés dans l'outillage comme dans les méthodes de travail, aussi bien en France que chez nos concurrents étrangers.

« Ennemi des jugements superficiels et des solutions à peu près, il allait toujours au fond des difficultés et n'avait de trêve qu'après avoir trouvé une solution définitive pour les écarter et en éviter le retour.

« Sa conscience professionnelle poussée à l'extrême lui faisait apparaître comme un devoir sacré d'approfondir personnellement, par lui-même, toutes les questions touchant techniquement, commercialement dans le domaine administratif comme sur le terrain social, aux fonctions dont il avait assumé la charge. »

Travail infatigable; conscience professionnelle appuyée sur « de rares et belles qualités personnelles » et notamment sur une bonté, qui, n'excluant pas une juste fermeté, le faisait adorer de tout son personnel; un amour éclairé du progrès. Voilà les traits dominants du caractère de M. Édouard Dreux et les qualités qui lui ont valu d'être l'un des artisans les plus actifs du développement et de la prospérité des Aciéries de Longwy; des nombreuses affaires industrielles dont il eut à s'occuper comme aussi du bassin de Longwy et de toute la région de l'Est.

M. Édouard Dreux fit d'abord ses études au Collège municipal de Longwy. Il les continua au Lycée de Nancy et à l'École Centrale où il entrait en 1897. Il en sortait en 1900 avec son brevet d'ingénieur. De ces différentes étapes de sa formation intellectuelle et professionnelle, M. Édouard Dreux garda non seulement un bagage d'idées générales et de connaissances techniques, qui devaient lui être plus tard si utiles, mais surtout — ce qui est beaucoup plus précieux — un zèle ardent pour la diffusion de l'instruction à tous ses degrés. Dans le choix de ses collaborateurs, tout en pratiquant ce large éclectisme qui sait découvrir le mérite où il se trouve, et le mettre à sa place pour l'utiliser au mieux de l'intérêt général, M. Édouard Dreux attachera un intérêt particulier aux qualités intellectuelles et morales, dont les candidats auront fait preuve pendant leurs années d'étude.

Au milieu de ses graves soucis, avant comme après la guerre, il trouvera des loisirs pour s'occuper des œuvres de publicité ou de propagande, qui ont pour but une large diffusion des connaissances techniques.

Parmi les œuvres sociales qu'il fondera, il s'attachera spécialement aux œuvres d'instruction et d'éducation : création de bourses d'enseignement; cours d'enseignement professionnel et technique; bibliothèque; conférences, etc. Là aussi, il tenait à se rendre compte par lui-même, ne choisissant qu'à bon escient, témoignant à tous une « affection vigilante et paternelle toujours soucieuse de venir en aide ».

M. Édouard Dreux termina ainsi ses études avec la conviction profonde qu'une solide culture est nécessaire à tous ceux qui se destinent à l'industrie. Mais le rôle qu'il était appelé à jouer plus tard, comme grand industriel, nécessitait avec des connaissances théoriques étendues une formation générale, un entraînement long et méthodique. Avant donc d'aborder la carrière qui lui était destinée, M. Édouard Dreux compléta ses études par une série de voyages et de stages qu'il fit successivement de 1900 à 1903 dans des usines et dans des maisons étrangères, en Belgique, en Allemagne, en Angleterre et en Amérique. Il en rapporta d'abord une documentation très complète, qui devait plus tard l'aider puissamment à établir le programme de développement des usines de Mont-Saint-Martin. Il y puisa aussi cette large compréhension du progrès, qui, pendant toute sa carrière, devait lui être si utile dans le maniement des hommes et des affaires et qui lui permit notamment de porter l'outillage à la hauteur des derniers progrès.

A son retour en France, en 1903, M. Édouard Dreux était attaché à la direction, en qualité d'ingénieur. Pendant quatre années, il allait à l'école de son père, Administrateur-Directeur général, achever sa formation, prenant contact avec les différents services de l'usine; s'initiant au fonctionnement des rouages multiples et complexes d'un grand établissement industriel; s'habituant à traiter les nombreuses questions techniques, financières, commerciales et sociales que soulève, d'une façon sans cesse renouvelée, la marche d'usines aussi importantes. A cette école « son esprit méthodique et réfléchi, son jugement sûr, sa connaissance approfondie des hommes et des choses » se perfectionnaient rapidement et ces qualités allaient le mettre en état de commencer à donner sa mesure, lorsque la confiance du Conseil d'Administration l'eut appelé, en 1908, au poste de Sous-Directeur de la Société des Aciéries de Longwy. Au moment où il était associé d'une façon plus directe et plus intime à sa marche et à son développement, la Société des Aciéries de Longwy était en pleine période de prospérité. Après les années difficiles du début, elle avait vu peu à peu le succès couronner les efforts tenaces et éclairés de la Direction. Du côté matériel, des perfectionnements continuels avaient permis d'augmenter l'importance du tonnage fabriqué. L'organisation administrative et commerciale avait été étendue et adaptée aux exigences d'une industrie de cette importance. De nouvelles et importantes installations avaient été créées, la puissance de production avait été notablement augmentée et les conditions de fabrication largement améliorées.

Enfin, la Société avait résolu en grande partie la question de ses approvisionnements en minerai par l'octroi et la mise en exploitation des concessions de Valleroy et de Tucquegnieux. La participation importante qu'elle prenait dans la Société Lorraine de Carbonisation lui assurait une partie de son coke.

Ainsi donc, en 1908, grâce à une politique aussi ferme que prudente au point de vue technique, financier et commercial, la Société des Aciéries de Longwy était définitivement assise sur des bases solides et elle avait pris place aux premiers rangs de la métallurgie française. C'est dans ces circonstances favorables qu'une double tâche allait s'imposer au nouveau Sous-Directeur : augmenter la production des hauts-fourneaux et aciéries et assurer le laminage de cette production dans des conditions particulièrement économiques. Dans l'accomplissement de cette mission, quel esprit allait-il apporter et de quelles qualités allait-il faire preuve? « Aucun détail, fût-il d'ordre technique, administratif ou financier, n'échappait à sa vigilance; aucune difficulté ne prenait au dépourvu son esprit toujours en éveil... Un absolu sentiment du devoir inspirait toutes ses décisions et dirigeait tous ses actes.

« Technicien accompli; organisateur remarquable aussi bien par la sûreté de son jugement que par son esprit de suite, il pouvait aborder avec la même maîtrise les problèmes si divers devant lesquels le plaçaient ses multiples et lourdes fonctions; avec une ardeur inlassable, il recherchait la solution qui répondait à toutes les préoccupations de son esprit scrupuleux.

« Ces éminentes qualités industrielles s'unissaient à une noblesse et une générosité de sentiments, une droiture et une loyauté de caractère, une affabilité et une aménité de relations, et par-dessus tout, chose exquise et rare, à une modestie extrême qui lui conciliaient la sympathie et le respect de tous ceux qui l'approchaient. »

Ces lignes, écrites par l'un de ses amis, donnent la cause des succès qu'il allait désormais connaître sans interruption, jusqu'au moment où après l'affreuse tourmente et après la période de labeurs acharnés de l'après-guerre, il devait être enlevé à l'affection des siens et de sa grande famille ouvrière, tombant sur la brèche, victime de son amour du travail et de sa fidélité au devoir.

Pendant qu'il poursuivait la rénovation du matériel et de l'outillage, M. Édouard Dreux ne perdait pas de vue la question des approvisionnements. Sentant l'intérêt puissant que représentait pour l'industrie métallurgique l'indépendance de ses approvisionnements en coke, il secondait d'une façon particulièrement active M. Alexandre Dreux et ses co-associés dans la fondation et dans la marche de l'Association Zélandaise de Carbonisation, à Sluiskil, et de la Société Lorraine de Carbonisation à Auby. S'il ne devait jouer que plus tard, après l'armistice, un rôle prépondérant comme administrateur au sein du Conseil d'Administration de ces deux Sociétés, il n'en reste pas moins vrai que, dès ce moment, il leur appartenait en fait par la part active qu'il prenait à la préparation ou à l'exécution des mesures les intéressant.

Tous ses efforts, dans les différents domaines confiés à son activité, étaient couronnés de succès et, en août 1914, lorsque la guerre éclata, c'était une usine munie des derniers perfectionnements qu'il quittait pour aller remplir son devoir sur le front.

A la mobilisation, tandis que M. Alexandre Dreux, en villégiature au loin, rejoignait son poste à Mont-Saint-Martin, en vue de prendre toutes les mesures qu'imposaient les circonstances, M. Édouard Dreux partait en qualité d'officier d'artillerie, sur le front de Verdun. Il devait y rester jusqu'en septembre 1915, prenant part aux travaux de défense et aux combats qui avaient lieu sous la forteresse et donnant à ceux de ses collaborateurs, employés et ouvriers, qui, comme lui, accomplissaient leur devoir militaire, l'exemple du courage et de l'abnégation. Il allait d'ailleurs être appelé à servir le pays sur un autre terrain : estimant que ses connaissances techniques et l'esprit d'initiative dont il avait déjà fait preuve comme chef d'industrie, le destinaient naturellement à une autre mission, le Ministre de l'Armement l'invitait, en cette année 1915, à concourir à la réalisation du programme urgent de la fabrication du matériel de guerre, et, en particulier, des projectiles lourds. M. Édouard Dreux ne se faisait aucune illusion; il se rendit dès le début parfaitement compte des difficultés de la tâche qui allait lui incomber, avec des fabrications entièrement nouvelles, avec le recrutement de spécialistes dont il fallait s'assurer le concours et l'utilisation de constructions qui n'avaient pas été conçues dans le but qui leur était assigné. Mais ces difficultés n'étaient pas faites pour rebuter un caractère comme le sien, qui a le sentiment de l'initiative et de la responsabilité, et rapidement il aurait répondu à cet appel s'il n'avait été retenu par d'autres scrupules. Il lui en coûtait, en effet, d'abandonner ses frères d'armes et de quitter le poste du danger. Pour être sûr de ne pas se tromper, il prit les conseils de son général et ce n'est qu'après avoir eu l'assentiment de ses chefs qu'il se décida pour son devoir d'ingénieur. Il se mit à l'œuvre avec une activité telle, qu'en quelques mois, il créait de toutes pièces l'usine d'Aubervilliers qui, bien avant l'époque escomptée, fournissait à la défense nationale un appoint important d'obus de gros calibre. Il compléta ultérieurement cette usine par la construction de la fonderie de Saint-Denis, qui commençait à entrer en activité normale au moment de la cessation des hostilités.

Pendant que M. Édouard Dreux servait ainsi le pays aux armées ou en usine, M. Alexandre Dreux assistait impuissant à la destruction des établissements de la Société par les Allemands. A l'armistice, des magnifiques installations de Mont-Saint-Martin, il ne restait que des ruines; le matériel et l'outillage avaient été transportés en Allemagne ou détruits sur place. Une tâche immense allait s'imposer : reconstruire ce qui avait été détruit. M. Édouard Dreux avait donné, aussi bien pendant les années qui avaient immédiatement précédé la guerre que pendant la guerre elle-même, des preuves si heureuses d'une initiative hardie; ses efforts avaient été couronnés de résultats tels que le Conseil d'Administration de la Société lui confiait, au début de 1919, le poste d'Administrateur-Directeur général; M. Alexandre Dreux devenant vice-président du Conseil d'Administration. Ce choix était ratifié à l'unanimité, quelques mois plus tard par l'Assemblée générale des actionnaires du 21 août 1919.

C'est investi de cette autorité que le nouveau directeur allait se mettre à l'œuvre, donnant la pleine mesure de ses qualités et de sa valeur professionnelle. Appréciant l'œuvre qu'il a réalisée depuis l'armistice, la *Revue de Métallurgie* dans une notice nécrologique qu'elle lui consacrait, sous la signature de M. Guillet, l'éminent directeur de l'École Centrale des Arts et Manufactures, appréciait en ces termes la carrière de M. Édouard Dreux : « Secondé par son père, M. Alexandre Dreux, il se mit immédiatement au travail et, en un temps relativement court, tout ce qui avait pu être récupéré, était remis en place et capable à nouveau de produire.

« M. Édouard Dreux, sans attendre le versement des indemnités de guerre, fit appel au crédit et les actionnaires de la Société des Aciéries de Longwy, confiants dans les hautes qualités dont il avait donné la mesure pendant la période de guerre, lui apportèrent sans marchander le concours le plus absolu. Il trouva également un concours des plus larges auprès des banquiers comme auprès des capitalistes, qui répondirent avec empressement à ses différents appels.

« On put ainsi gagner des années sur le délai normal de reconstitution. Le désir de M. Édouard Dreux était satisfait et il pouvait dès les premiers mois de la paix donner du travail à ses ouvriers démobilisés.

« Un programme complet de reconstitution est mis au point par lui ; les commandes de matériel sont passées. Il put ainsi obtenir un tour de priorité pour la livraison. Quelques jours avant l'événement fatal, M. Édouard Dreux mettait à son œuvre le point final et signait les derniers marchés .»

Tâche énorme, puisqu'il s'agissait en réalité non pas de reconstruire l'ancienne usine, mais d'en créer une nouvelle, avec tout un programme d'améliorations et de transformations, en adaptant les installations aux conditions nouvelles de la production et de la vente tant sur le marché intérieur, qu'à l'exportation. M. Édouard Dreux allait ainsi avoir à résoudre des problèmes les plus complexes, aussi bien dans l'ordre technique, que dans l'ordre financier, commercial et administratif.

On comprend que pour exécuter un programme aussi gigantesque, qui visait à relever les usines et à les préparer aux luttes de l'avenir, le nouveau Directeur dut faire appel à toutes les qualités dont il avait déjà donné tant de preuves pendant la grande tourmente.

Voici dans quel esprit il allait aborder cette tâche difficile : « Avec sa conscience et son haut sentiment du devoir, M. Édouard Dreux n'y devait ménager ni ses soucis, ni sa peine. Laborieux par nature, il s'acharna d'autant plus à la réalisation de son œuvre de reconstitution et de développement, qu'il avait la pieuse ambition de consoler ainsi son noble père des souffrances endurées quand l'ennemi détruisait, sous ses yeux, les usines qu'il avait édifiées et développées au cours d'une carrière de vingt-cinq ans ».

Quels furent les résultats de ses efforts? Au moment où « il tombait sur la brèche, en plein travail, en pleine activité, victime de son travail et de son dévouement », M. Édouard Dreux avait en grande partie atteint les buts qu'il s'était proposés. Au point de vue technique, six hauts fourneaux sur neuf étaient reconstruits et en marche, assurant une production mensuelle de 27.000 tonnes de fonte Thomas. L'Aciérie Thomas était réinstallée avec cinq convertisseurs de 25 tonnes et une production de 22.000 tonnes par mois. L'Aciérie Martin produisait elle-même 8.000 tonnes. Et toute cette production était transformée sur les trains de laminoirs, munis des derniers perfectionnements. L'usine avait donc à peu près sa production d'avant-guerre.

Les mines, qui n'avaient pas trop souffert dans leurs installations extérieures, étaient remises en exploitation après de gros travaux de restauration dans les galeries et chantiers. — Tucquegnieux se rapprochait rapidement de sa production d'avant-guerre. — Valleroy, après une période difficile, arrivait à couvrir ses dépenses et allait entrer dans la période de plein rendement.

Les usines de Saint-Denis et d'Aubervilliers, adaptées aux fabrications de paix, travaillaient bientôt à plein rendement. D'importants ateliers étaient créés à Venissieux pour la réparation des voitures et wagons de chemin de fer. A Sedan, une vaste usine moderne, parfaitement conçue et exécutée, était installée pour la fabrication des tôles moyennes et des tôles fines. Pressentant, par ailleurs, le rôle que les usines de carbonisation d'Auby et de Sluiskil devaient jouer dans l'alimentation des usines dont il avait la charge, M. Édouard Dreux participait, avec un intérêt particulier, au développement de ces deux affaires, dont la prospérité vint justifier la confiance de M. Édouard Dreux et de ses collègues et récompenser leurs communs efforts.

Au point de vue financier, en présence de l'insuffisance des versements de l'État, ainsi que des difficultés et de la lenteur du règlement des dommages de guerre, M. Édouard Dreux, pour ne pas retarder l'œuvre de la reconstitution, proposa à son conseil un vaste programme financier, en exécution duquel le capital de la Société fut porté successivement à 45 millions en 1919, puis à 75 millions en 1921. Pendant la même période, le complément des ressources nécessaires était demandé à des émissions d'obligations pour un capital de 67 millions.

Pour assurer la vente des produits de la Société dans toute la France, M. Édouard Dreux créa des dépôts importants dans les différentes régions, à Paris, Lyon, Lille, Marseille, Bordeaux, Rouen, Nantes, Reims et Nancy.

Enfin, il se préoccupa du gros problème de l'exportation, qui se posait d'une façon pressante par suite de la production énorme des usines des provinces reconquises et de celle toujours croissante des usines sinistrées au fur et à mesure de leur reconstruction. Pour favoriser les ventes à l'étranger, il prit, d'accord avec son père, l'initiative de fonder, de concert avec d'autres sociétés, une compagnie industrielle et commerciale d'exportation dite « Longovica », qui installa successivement des comptoirs ou agences de vente sur de nombreux points du globe, notamment à Buenos-Ayres, Rio-de-Janeiro, Calcutta, Londres et Shanghaï, etc...

Reconnaissant ses mérites et désireuse de s'attacher la collaboration d'un métallurgiste aussi qualifié, la Chambre de Commerce de Nancy nommait, en 1922, M. Édouard Dreux membre correspondant.

Cette tâche écrasante n'absorbait cependant pas toute l'activité de M. Édouard Dreux. Ce grand industriel, « remarquable par sa haute conscience autant que par l'étendue de sa compétence et par son activité soutenue », trouvait, malgré ses occupations multiples, le moyen de faire profiter de ses précieux conseils et de sa riche expérience les nombreuses œuvres locales ou régionales. C'est qu'en effet, il avait compris que les masses ouvrières ont besoin « de se sentir aimées et soutenues par ceux qui les dirigent ». « Sa très grande bonté, son désir de rendre service, sa crainte de causer la moindre peine » devaient, sur le terrain social, donner les résultats que ses qualités d'ingénieur et de maître de forges avaient obtenus sur le terrain professionnel.

Dans ses œuvres sociales qu'il fonda ou développa, sa « bonté le fit adorer de tout son personnel » et « patron bienveillant, foncièrement bon et juste », il sut s'attirer l'estime et l'affection de tous.

Il se donna tout d'abord entièrement aux œuvres d'instruction et d'éducation. Aussitôt après l'armistice, il rouvrait les écoles de la Société qui fonctionnaient déjà avant guerre : école ménagère; école maternelle et écoles primaires de la division de Moulaine. Ensuite, au fur et à mesure que les circonstances le permettaient, il réorganisait les cours d'enseignement professionnel et technique : cours de sténographie et de dactylographie ; de comptabilité ; de dessin et d'apprentissage. Il instituait un système de retraites en faveur du personnel employé ; créait des œuvres récréatives et sportives pour l'instruction et le délassement de son personnel.

En septembre 1921, reconnaissant l'ampleur de sa tâche et l'importance des services rendus à l'industrie et à la défense nationale, le Gouvernement lui conférait le grade de Chevalier de la Légion d'honneur.

M. Édouard Dreux est mort à la tâche, en travailleur intrépide les armes à la main. « C'est dans la noble conception de son devoir qu'il faut chercher la cause de la maladie qui l'a enlevé si prématurément.

« Devoirs de famille, devoirs de citoyen, devoirs de chefs, devoirs d'ami, il n'en a négligé aucun. Il les a tous accomplis avec un scrupule qui l'honore, négligeant, hélas, les avertissements de la fatigue et mourant sur la brèche comme un soldat.

« Dans toutes les circonstances, mais plus particulièrement pendant les périodes sombres de la guerre, il n'a cessé de témoigner au personnel de la Société, une affection vigilante et paternelle, toujours soucieux de venir en aide à l'infortune. Sa bonté trouvait une juste récompense dans la reconnaissance que lui vouaient ses innombrables obligés ».

C'est par cette vie de labeur immense et incessant; c'est par cette bonté et ce dévouement que M. Édouard Dreux s'est attiré le respect, la sympathie et l'affection générales. La cérémonie des obsèques à laquelle plus de cinq mille personnes assistaient, revêtit un caractère impressionnant de grandeur et de dignité. La population tout entière, par son attitude émue et recueillie, a montré quelle part elle prenait au malheur, qui, en frappant si douloureusement la famille, venait de fondre sur elle. Elle a montré aussi quelle affection profonde et quel respect elle avait; quelle reconnaissance elle gardait à celui qui fut toujours pour elle un ami véritable et un père; à celui qui, au milieu de son dur labeur pensait sans cesse au bonheur de ses employés et ouvriers et de leurs familles.

Dans ces instants suprêmes, tout un peuple a voulu donner au cher Directeur disparu, un témoignage éclatant de gratitude, non seulement pour les services éminents qu'il avait déjà, dans une carrière brillante trop tôt interrompue, rendus à la Société des Aciéries de Longwy, à la région et au pays tout entier, mais aussi pour la sollicitude affectueuse et constante dont il se faisait un devoir d'entourer tous ses collaborateurs, jusqu'aux plus humbles.

M. Édouard Dreux repose dans le caveau de famille au cimetière de Longlaville, à l'ombre de ces belles Usines dont il avait puissamment contribué à faire la grandeur et la prospérité. C'est là qu'aux jours de deuil plus propices au souvenir, comme aux jours de joie, tous ceux qui l'ont connu et aimé iront redire leur reconnaissance et retremper leur fidélité au grand industriel et au patron vénéré dont le souvenir ne périra pas.

COMPTE RENDU DES OBSÈQUES

OBSÈQUES DE M. ÉDOUARD DREUX

UNE IMPOSANTE MANIFESTATION

Les obsèques de M. Édouard Dreux, ingénieur des Arts et Manufactures, Administrateur-Directeur général de la Société des Aciéries de Longwy, chevalier de la Légion d'honneur, ont été célébrées samedi matin. Elles furent l'occasion d'une imposante manifestation, comme l'on en voit fort peu.

Nous pensons être au-dessous de la vérité en évaluant l'affluence à cinq mille personnes et en fixant à deux cents le nombre des couronnes, toutes en fleurs naturelles, et des palmes : témoignage éloquent de vive sympathie à l'égard d'une famille tant estimée et si cruellement frappée! touchant hommage de gratitude respectueuse, non seulement de ses pairs, mais de toute une région, de tout un peuple de collaborateurs de tous rangs, vis-à-vis d'un homme, travailleur infatigable, aussi modeste qu'éminent, ravi de façon foudroyante, en plein labeur — tel le soldat tombant au champ d'honneur — à l'affection des siens et d'un personnel qui l'aimait comme un père!

La dépouille mortelle avait été déposée dès jeudi soir dans une pièce du château de la Direction, transformée en chapelle ardente ; tour à tour des employés et des boys-scouts de l'Alouette des Aciéries de Longwy la veillèrent. Toute la journée de vendredi et samedi jusqu'à l'heure de la cérémonie, une foule attristée vint s'incliner devant le cercueil du distingué Maître de Forges et exprimer à la famille la part prise à sa douleur.

LE CORTÈGE

La levée du corps eut lieu vers dix heures, peu après l'arrivée du train spécial parti de Nancy.

Voici la description du long cortège formé sous la direction autorisée d'un ordonnateur des Pompes funèbres, secondé par des employés et des agents de police :

En tête marchaient douze sapeurs-pompiers avec tambours et clairons et deux gradés, puis c'étaient les Trompettes de l'Espérance des Aciéries de Longwy, la Société de gymnastique du même nom, les boys-scouts de l'Alouette des Aciéries de Longwy, les enfants des écoles de Mont-Saint-Martin, Piedmont, Gouraincourt et Longlaville avec leurs maîtres et maîtresses, des délégations du collège d'Hulst et du collège de garçons de Longwy, le Souvenir Français de Longwy, le Comité de Longwy de l'Association des Dames Françaises (Croix-Rouge), la 996e Section des Vétérans des Armées de terre et de mer, l'Union des Anciens Combattants de Mont-Saint-Martin et Piedmont, la Section de Longwy de la Ligue des Familles nombreuses, les membres de l'Association de la Légion d'honneur, l'Union des Officiers de complément de la région de Longwy-Luxembourg, les Mutuelles de la Société des Aciéries de Longwy (Chemin de fer, Ateliers et Fonderies, Laminoirs), les Médaillés du travail de cette Société, les porte-couronnes, les chars avec les couronnes.

Tous les drapeaux ou bannières des sociétés étaient voilés de crêpe.

Devant la croix et le clergé qui comprenait douze prêtres dont MM. les curés des paroisses de Gouraincourt, Mont-Saint-Martin et Longlaville, M. le curé-doyen de Longwy, M. le curé de Rehon, chanoine honoraire, etc..., se tenait l'Harmonie des Aciéries de Longwy qui, sur tout le parcours, joua des airs funèbres pendant que tintait le glas.

Le cercueil, précédé par trois boys-scouts, était porté sur les épaules par douze ouvriers, médaillés du travail.

Les cordons du poêle étaient tenus par :

MM. le comte de Saint Quentin, sénateur du Calvados; Paul Labbé, maître de forges à Gorcy, tous deux administrateurs de la Société des Aciéries de Longwy; Adrien Maurice, fondé de pouvoirs à Paris; Chardot, secrétaire général de la Société, les deux plus anciens collaborateurs de M. Édouard Dreux, parmi le haut personnel; Bastien et Mauduit, ouvriers de la Société, médaillés du travail.

Immédiatement derrière le cercueil, la Croix de la Légion d'honneur était portée sur un coussin par M. Achille Croisette, ancien ordonnance du défunt, lieutenant de réserve au 61e régiment d'artillerie; venaient ensuite des religieuses, le personnel de la maison et un huissier de cérémonie.

Le deuil était conduit par : MM. François et Max Dreux, les jeunes fils du disparu; M. Alexandre Dreux, son père; M. Fernand Dreux, son frère; M. Charles Aerts, et M. Maurice Charoy, ses beaux-frères;

Mme Édouard Dreux; Mlles Hélène et Madeleine Dreux, ses filles; Mme Alexandre Dreux; Mme Max Boucard, sa belle-mère; Mme Fernand Dreux; Mme Charles Aerts; Mme Maurice Charoy, etc...

Les compagnies des sapeurs-pompiers de Mont-Saint-Martin et de Longwy; la subdivision de Longlaville, sous les ordres respectifs de MM. le capitaine Audin, les lieutenants Grand et Louis, encadraient partiellement le cortège.

On remarquait ensuite, M. Massoni, sous-préfet; M. F. de Wendel, député de Meurthe-et-Moselle; MM. les membres des Conseils d'admininistration; le haut personnel des Aciéries de Longwy; les directeurs des ateliers, dépôts et annexes; les chefs de service; une délégation de l'Association amicale des anciens élèves de l'École centrale;

MM. Victor Chaize, conseiller général de Nancy; Georges, de Villerupt, et Remy, de Baslieux, conseillers d'arrondissement; les maires de Mont-Saint-Martin, Longwy, Longlaville et de la plupart des communes du canton ainsi que de nombreux conseillers municipaux, des représentants des Chambres de Commerce de Nancy, Sedan, Metz, etc...;

Le personnel employé de la Société des Aciéries de Longwy et des filiales;

Les plus hautes personnalités industrielles de Meurthe-et-Moselle, de la Moselle, des Ardennes, du Nord, de la Belgique et du Grand-Duché de Luxembourg; nombre de notabilités financières, commerciales, agricoles, administratives, dont il n'est pas possible de donner les noms de crainte d'en passer sous silence; citons cependant S. E. le comte della Torre de Lavagne, envoyé extraordinaire et ministre plénipotentiaire de S. M. le roi d'Italie à Luxembourg, le général Guinot, etc...

A signaler également des délégations des Unions commerciales de Mont-Saint-Martin et de Longlaville, d'employés de chemin de fer de Mont-Saint-Martin et de Longwy, de l'administration des douanes, des brigades de gendarmerie de Mont-Saint-Martin et Longwy, des agents de police de Mont-Saint-Martin, Longlaville et Longwy, etc...

Depuis le château jusqu'à l'église, le personnel de l'usine, disposé à droite et à gauche, sur deux rangs, formait la haie sur le passage du cortège, rendant ainsi un suprême hommage au regretté patron; beaucoup d'ouvriers avaient les larmes aux yeux.

Sur tout le parcours, les lampes électriques servant à l'éclairage public étaient allumées et voilées de crêpe; les volets des maisons étaient clos.

A L'ÉGLISE

L'église de Gouraincourt ne put contenir qu'une bien faible partie de l'assistance.

La cérémonie religieuse fut fort belle et ajouta encore à l'émotion générale. Outre la Chorale paroissiale et la Symphonie des Aciéries de Longwy, dirigée par M. Nauwelaers, de réputés artistes exécutèrent avec talent quelques morceaux de choix et les chants liturgiques si saisissants.

L'orgue était tenu par Mme Dovergne, de Reims; M. Pierre Chardar, professeur au Conservatoire de Nancy, basse chantante, fit entendre le *Miseremini* de Steinman et le *Pie Jesu* de Niedermeyer; M. Duparloir, violoniste, professeur au Conservatoire de Luxembourg, donna un Nocturne de Chopin, et M. Heinen, violoncelliste, professeur au même Conservatoire, un Andante de Chopin.

AU CIMETIÈRE

A l'issue du service, le cortège se reforma dans le même ordre pour se rendre au cimetière de Longlaville. C'est dans cette modeste nécropole, à l'ombre de ces puissantes usines, orgueil et fortune du pays, dont elles portent au loin le bon renom; c'est dans ce petit coin de terre de Lorraine qu'il a tant aimé — et où on lui rendait bien cette affection — que désormais repose le grand industriel, le patron vénéré, le bon Français que fut M. Édouard Dreux, dont le souvenir ne périra pas.

Selon la volonté exprimée par le défunt, aucun discours ne fut prononcé. Le défilé du personnel devant le cercueil et devant la famille termina cette poignante cérémonie.

Puissent les multiples témoignages de sympathie prodigués en ces jours d'affliction à Mme Édouard Dreux, et à ses enfants, à M. et Mme Alexandre Dreux, à Mme Boucard et à tous les membres de la famille, adoucir quelque peu leur profonde douleur!

(Extrait de *l'Écho de Longwy et de la Moselle* du 21 mars 1923.)

EXTRAITS DES PROCÈS-VERBAUX

DES CONSEILS D'ADMINISTRATION

SOCIÉTÉ DES ACIÉRIES DE LONGWY

CONSEIL D'ADMINISTRATION

Séance du 13 mars 1923.

. . . .

M. le comte de Saint-Quentin préside la séance.

« Un malheur irréparable vient de frapper la famille Dreux et la Société des Aciéries de Longwy. Hier soir, après une journée de labeur, et sans que rien pût faire prévoir la catastrophe, M. Édouard Dreux, Administrateur-Directeur général, est mort subitement à six heures et demie, en quittant une réunion consacrée aux intérêts de la Société.

« M. le comte de Saint-Quentin exprime l'émotion profonde du Conseil, la douleur qui étreint tous les administrateurs et les regrets infinis qu'ils éprouvent devant la disparition foudroyante de M. Édouard Dreux.

« Ils perdent en lui non seulement un Collègue et un Directeur général éminent, mais encore un Ami. M. Édouard Dreux est tombé sur la brèche, en plein travail, en pleine activité, victime de son travail et de son dévouement.

« M. le comte de Saint-Quentin, interprète du Conseil, s'incline profondément devant la douleur de son vénéré Président, M. Alexandre Dreux, de Mme Alexandre Dreux et de Mme Édouard Dreux. »

Séance du 17 avril 1923.

. . . .

Communication à l'occasion du décès de M. Édouard Dreux.

Après la lecture des procès-verbaux, M. le comte de Saint-Quentin exprime en ces termes, à M. Alexandre Dreux, la profonde sympathie de ses Collègues :

Mon Cher Président,

« Nous nous retrouvons dans les circonstances les plus émotionnantes et les plus douloureuses; nos regards ne peuvent se détacher de la place demeurée vide à vos côtés.

« Vous venez d'entendre la lecture du procès-verbal de la dernière séance. Il traduit bien imparfaitement la douleur que nous ressentions tous lorsque nous nous sommes réunis ici même, quelques heures après la mort de votre cher Fils.

« Aujourd'hui, je ne puis que vous exprimer, au nom de mes Collègues, les mêmes sentiments de regret pour celui que nous avons perdu, de profonde sympathie pour vous et votre famille.

« Nous aimions votre Fils; nous admirions ses rares qualités intellectuelles et morales.

« L'imposante manifestation à laquelle ses obsèques ont donné lieu, a prouvé que tous ceux qui le connaissaient partageaient notre sentiment. Ses collègues de l'industrie, venus de tous les points, ont suivi en grand nombre son cercueil, pendant que des milliers d'ouvriers lui faisaient escorte dans une attitude de recueillement vraiment impressionnante. »

. . . .

ASSEMBLÉE GÉNÉRALE ORDINAIRE DU 23 OCTOBRE 1923

I — Rapport du Conseil d'administration.

Messieurs,

L'événement le plus douloureux et le plus imprévu a frappé votre Société vers la fin de l'Exercice 1922-1923. Sans que rien pût faire prévoir un tel accident, M. Édouard Dreux, votre Administrateur-Directeur général, est décédé subitement le 12 mars dernier.

Nous sortirions du cadre de ce rapport si nous voulions nous étendre sur ses qualités d'homme et d'ami, sur son caractère et sa cordialité qui, cependant, mériteraient de si larges développements. — Nous adressant exclusivement à des actionnaires des Aciéries de Longwy, nous devons nous borner à rappeler tout ce que notre Société lui doit.

Préparé par de solides études techniques et par des stages en Amérique, en Belgique et en Allemagne, M. Édouard Dreux était attaché à la Direction des Acieries de Longwy à son retour en France, en 1904.

Dès qu'il eût pris contact avec les différents services des Usines, il se préoccupa de rajeunir leur outillage afin de le mettre à la hauteur des derniers progrès et de le rendre comparable à ceux des pays étrangers qui nous avaient devancés.

Nommé Sous-Directeur en 1908, il entreprit aussitôt la réalisation de ces projets et c'est à ses conceptions que nous devons nos laminoirs continus, notre blooming, notre grosse tôlerie et enfin notre superbe et puissante aciérie Martin.

Le développement de ce programme fut brusquement arrêté par l'ouverture des hostilités; mais les terribles circonstances qui suivirent devaient fournir à M. Édouard Dreux l'occasion de montrer ce que pouvait donner chez lui le sentiment de l'initiative et de la responsabilité.

Invité par le Ministère de l'Armement à contribuer à la fabrication du matériel de guerre, et alors que votre Conseil était, à Paris, réduit à deux de ses membres, M. le comte de Saint-Quentin et M. Paul Labbé, il n'hésita pas à s'engager dans une voie où tout était à créer.

Il lui fallut, en effet, s'assurer l'appui financier des banques et le concours techniques d'industriels spécialistes, utiliser des constructions qui n'avaient pas été conçues pour le but qu'on allait leur assigner, entreprendre enfin des fabrications entièrement nouvelles pour votre Société.

C'est ainsi, et sous son impulsion, que l'usine d'Aubervilliers fut mise en route en quelques mois; qu'elle occupa bientôt près de 800 ouvriers et qu'elle put livrer à la Défense Nationale jusqu'à 5.000 projectiles de gros calibre par mois.

Il compléta ultérieurement cette usine par la construction de la fonderie de Saint-Denis, qui commençait à entrer en activité normale au moment de la cessation des hostilités.

Telles furent les décisions à la fois hardies et judicieuses, qui permirent à votre Société, cependant privée de la totalité des usines qu'elle possédait avant 1914, de reprendre son activité, de donner du travail à une grande partie de son personnel et d'assurer aux actionnaires un intérêt normal de 5 °/o pour les autres années de guerre.

Rendant hommage à l'effort personnel que M. Édouard Dreux avait fourni dans ces circonstances, votre Assemblée générale du 21 août 1919 ratifiait, à l'unanimité, le choix qu'avait fait en lui votre Conseil d'Administration pour lui confier les fonctions d'Administrateur-Directeur général.

Il ne tarda pas d'ailleurs à donner d'autres exemples de ses qualités exceptionnelles. Si la période de guerre avait été dure, la période de reconstitution qui suivit fut peut-être plus variée encore dans ses difficultés : ampleur de la tâche, diversité et parfois même opposition des questions à résoudre simultanément, effort financier, rassemblement et rééducation de la main-d'œuvre, reconstitution des cadres, le tout au milieu de circonstances économiques constamment troublées par la crise des transports, l'irrégularité dans la livraison des combustibles, les larges fluctuations dans les besoins intérieurs comme dans les marchés d'exportation, qui entraînèrent à un certain moment une hausse tout à fait exagérée des prix suivie d'un effondrement profond et brutal.

Pour exécuter dans de telles conditions un programme aussi gigantesque que celui du relèvement de vos usines et les préparer aux luttes de l'avenir, M. Éd. Dreux dut faire preuve d'une pondération et d'un sang-froid d'autant plus remarquables qu'ils se rencontraient chez lui avec les qualités de hardiesse dont il avait si largement témoigné auparavant.

Cette tâche demandait également un effort considérable. Avec sa conscience et son haut sentiment du devoir, M. Éd. Dreux n'y devait ménager ni ses soucis, ni sa peine. Laborieux par nature, il s'acharna d'autant plus à la réalisation de son œuvre de reconstitution et de développement qu'il avait la pieuse ambition de consoler ainsi son noble père des souffrances endurées quand l'ennemi détruisait, sous ses yeux, les Usines qu'il avait édifiées et développées au cours d'une carrière de vingt-cinq ans. Reconnaissant l'ampleur de sa tâche et l'importance des services rendus par M. Édouard Dreux à l'industrie et à la Défense nationale, le Gouvernement lui conférait, en septembre 1921, le grade de chevalier de la Légion d'honneur.

Mais, hélas! trop peu soucieux de lui-même, M. Édouard Dreux ne mesura jamais son écrasant labeur et paraissait, au contraire, mépriser le surmenage auquel il allait cependant succomber. Nous eûmes la douleur de le perdre au moment où la période la plus pénible semblait passée et où, grâce aux efforts accomplis, notre Société allait commencer enfin à recueillir des résultats industriels de jour en jour plus encourageants.

Nous serions incomplets si nous n'évoquions pas les qualités les plus belles et les plus attachantes de notre cher ami : nous voulons dire sa charité et son bon cœur.

Dans toutes les circonstances, mais plus particulièrement pendant les périodes sombres de la guerre, il n'a cessé de témoigner au personnel de votre Société une affection vigilante et paternelle, toujours soucieuse de venir en aide à l'infortune. Sa bonté trouvait une juste récompense dans la reconnaissance que lui vouaient ses innombrables obligés; aussi eûmes-nous la suprême consolation d'assister, le jour de ses funérailles, à une cérémonie incomparable et unique par son caractère d'unanimité, où chacun fut frappé de l'émotion qui étreignait jusqu'aux plus humbles assistants.

Nous sommes certains, Messieurs, d'être vos interprètes en vous proposant de vous associer tout à l'heure, par une résolution destinée à être fixée dans les annales de votre Société, à l'hommage ému et affectueux que les membres du Conseil rendent à leur collègue et ami disparu.

. . . .

II — Rapport des Commissaires.

(Lu par M. Barillot.)

Messieurs les Actionnaires,

Avant de lire leur rapport, les commissaires de votre Société veulent accomplir un pieux devoir en rendant un court hommage à la mémoire de M. Édouard Dreux.

Ses rares qualités d'esprit et de cœur, nous les avions depuis longtemps appréciées.

Personnellement, à Paris, pendant la guerre, remplissant auprès de lui des fonctions assez différentes d'un commissariat, nous l'avons vu évoluer hardiment et habilement parmi les complications de tout ordre, se demandant parfois, par excès de scrupule, s'il n'était pas trop audacieux : l'avenir devait lui donner éloquemment raison et, en attendant, il avait la conscience du devoir accompli. Son énergie était stimulée par la grandeur de la tâche, et même des difficultés, ainsi que par le sentiment de piété filiale qu'on exprimait si justement tout à l'heure.

Sa vie fut trop courte, mais si intelligemment, si prodigieusement active, qu'elle restera pour tous un exemple plein de grandeur.

Les commissaires garderont fidèlement le souvenir de cet homme juste et bon, dont l'aménité répandait le charme autour de lui.

III — Allocution de M. Jean Raty.

Avant de passer au vote des résolutions, l'un des principaux actionnaires présents, M. Jean Raty, demande la parole et prononce l'allocution suivante :

Monsieur le Président,

L'exercice dont le Conseil vient de nous rendre compte est marqué par des résultats si brillants, malgré les difficultés qui entravent encore l'essor de notre industrie que je suis certain d'être l'interprète de tous les actionnaires en les soulignant particulièrement.

Je ne connais pas de société métallurgique qui, après avoir été éprouvée par la guerre comme l'ont été les Aciéries de Longwy, puisse présenter en même temps un bilan aussi satisfaisant, des bénéfices aussi importants et d'aussi belles perspectives d'avenir.

Il serait injuste que les actionnaires qui discernent la valeur de l'effort accompli et des résultats obtenus se bornent à voter sans commentaires les résolutions que vous allez proposer.

Nous désirons y ajouter nos vives félicitations et nos remerciements à ceux qui ont été les bons ouvriers à l'heure difficile.

Hélas! parmi eux, celui auquel chacun songe en ce moment, M. Édouard Dreux, n'est plus. Il est mort à la tâche.

Ici, où tout rappelle encore sa présence, son activité énergique et bienfaisante, je remplis un devoir en m'associant à l'hommage ému et reconnaissant qui vient d'être rendu à sa mémoire et en adressant aux siens l'expression de la respectueuse sympathie de tous les actionnaires de notre Société. Nous n'oublierons jamais qu'il fut l'un des principaux artisans de notre prospérité.

Enfin, Monsieur le Président, je voudrais me permettre d'ajouter encore quelques mots pour répondre au sentiment intime de tous ceux qui vous connaissent.

Alors que notre regretté directeur général disparaissait, nous nous demandions avec inquiétude qui pourrait assumer après lui son labeur écrasant. Vous avez compris à la fois notre anxiété et notre vœu secret, et malgré votre immense chagrin, simplement, sans hésiter, vous avez ajouté à votre tâche déjà si lourde, celle de celui qui venait de mourir.

Un tel exemple ne se commente pas. Vos actionnaires ont compris la grandeur de votre geste, et sans phrases, sincèrement, vous disent merci.

IV — Résolutions.

. . . .

2e Résolution.

L'Assemblée générale, en donnant quitus de sa gestion d'Administrateur-Directeur général à la succession de M. Édouard Dreux, tient à rendre un hommage solennel aux qualités éminentes dont il ne cessa de faire preuve dans l'exercice de son mandat.

Elle lui exprime sa reconnaissance pour l'impulsion qu'il donna aux Aciéries de Longwy en se dévouant tout entier à la tâche à laquelle il succomba.

Elle associe dans son vœu sa famille tout entière et plus particulièrement MMmes Alexandre et Édouard Dreux, qui furent les collaboratrices zélées de son œuvre de bienfaisance, et notre vénéré président, M. Alexandre Dreux qui, surmontant son immense douleur, n'hésita pas à sacrifier un repos, qu'il avait si bien mérité, pour reprendre en mains la gestion active de notre Société.

. . . .

SOCIÉTÉ DES MINES DE VALLEROY

Conseil d'Administration du 24 octobre 1924.

. . . .

M. P. Labbé rappelle en quelques mots la part éminente que M. Édouard Dreux avait prise dans la création et le développement de la Mine de Valleroy et adresse un souvenir ému à sa mémoire.

. . . .

Assemblée générale ordinaire du 24 octobre 1923.

La mort de M. Édouard Dreux a plongé dans le deuil toute notre industrie et toute notre région. Nous sommes certains de traduire les sentiments qui animent chacun de nous en rendant, au nom du Conseil et du personnel de la Société des Mines de Valleroy, un hommage ému à la mémoire de notre très regretté collègue et ami. Sans vouloir nous étendre sur les qualités si diverses et si rares de M. Édouard Dreux, nous rappellerons simplement la part qu'il a prise dans la direction de notre Société. Il en avait suivi le développement depuis l'origine en mettant à son service, avec le dévouement qu'il apportait à toutes les entreprises dont il avait la charge, une expérience acquise sur les terrains les plus divers. Il portait, en outre, un intérêt tout particulier à la Mine de Valleroy dont il aurait été heureux de voir le plein succès; nous étions certains, de notre côté, que M. Édouard Dreux mènerait à bien l'œuvre commencée et triompherait des difficultés spéciales créées par la guerre à notre Société. En déplorant l'événement le plus douloureux et le plus imprévu qui nous a privés si prématurément de notre cher Administrateur délégué, nous adressons à notre Président, si durement frappé dans ses affections paternelles et dans ses préoccupations industrielles, l'expression de notre profonde sympathie et l'assurance du souvenir toujours vivant que nous conservons de M. Édouard Dreux.

. . . .

SOCIÉTÉ DES MINES DE GODBRANGE

Conseil d'Administration du 14 avril 1923.

M. Auguste Dondelinger, Administrateur, demande la parole et s'exprime en ces termes :

Messieurs,

Je suis certain de traduire les sentiments qui nous animent tous, au début de cette première réunion après la mort de M. Édouard Dreux, en rendant au nom du Conseil et du personnel de la Société de Godbrange, un hommage ému à la mémoire de notre regretté collègue et ami.

M. Édouard Dreux assistait à toutes nos réunions en qualité de représentant de la Société des Aciéries de Longwy et il a constamment suivi la marche de nos affaires avec une attention et un intérêt dont nous trouvons maintes traces au cours de nos délibérations.

Il a été enlevé, il y a à peine un mois, par un de ces coups du destin devant lesquels on reste frappé de stupeur et consterné, dans toute la force de l'âge, en plein épanouissement de ses talents, en plein succès de ses entreprises industrielles.

Je n'ai pas à retracer devant vous, Messieurs, qui avez suivi dès le début la vie industrielle de M. Édouard Dreux, quel fut le développement de sa belle carrière.

Élevé à l'école de son père, son esprit méthodique et réfléchi, son jugement sûr, sa connaissance approfondie des hommes et des choses, l'ont porté jeune encore aux hautes et lourdes fonctions d'Administrateur-Directeur général d'une des plus puissantes sociétés minières et métallurgiques de France. L'extension prise par les Aciéries de Longwy, sous sa direction, témoigne de la fécondité de ses conceptions, de la sûreté de ses réalisations.

Travailleur infatigable, rien de ce qui touchait à notre industrie ne lui était étranger; avec une vigilance toujours en éveil, il suivait tous les perfectionnements réalisés dans l'outillage comme dans les méthodes de travail, aussi bien en France que chez nos concurrents étrangers.

Ennemi des jugements superficiels et des solutions à peu près, il allait toujours au fond des difficultés et n'avait de trêve qu'après avoir trouvé une solution définitive pour les écarter et en éviter le retour.

Sa conscience professionnelle poussée à l'extrême, lui faisait apparaître comme un devoir sacré d'approfondir personnellement, par lui-même, toutes les questions touchant techniquement, commercialement dans le domaine administratif comme sur le terrain social, aux fonctions dont il avait assumé la charge. C'est dans cette noble conception de son devoir qu'il faut probablement chercher la cause de la maladie qui l'a enlevé si prématurément.

A ses qualités éminentes d'industriel, M. Édouard Dreux joignait de rares et belles qualités personnelles. Sa bonté, qui n'excluait pas une juste fermeté, le faisait adorer de tout son personnel. Sa droiture rendait sa collaboration particulièrement précieuse à tous ceux qui ont eu la faveur d'être ses collègues dans les Conseils d'Administration, où ses avis toujours judicieux, empreints de la plus parfaite loyauté et présentés avec une courtoisie extrême, étaient toujours très écoutés. Le respect de la parole donnée et de l'engagement pris était pour lui chose sacrée.

Mais, avant tout, M. Édouard Dreux était un modeste. Il n'aimait pas se mettre en avant. Cette qualité si belle chez un homme qui n'a jamais connu que le succès constitue peut-être le trait fondamental de son caractère.

La mort de M. Édouard Dreux a plongé dans le deuil toute notre industrie et toute notre région. Je suis sûr, Messieurs, d'être votre interprète en adressant à notre Président, si durement frappé dans ses affections paternelles comme dans ses préoccupations industrielles, l'hommage de notre affectueuse et profonde sympathie, et en le priant de transmettre à Mme Édouard Dreux et à toute sa famille, comme un faible adoucissement à sa grande douleur, l'assurance du souvenir impérissable que nous conservons à la mémoire de celui qui fut pour nous tous, administrateurs de

Godbrange, représentants des sociétés participantes et représentants du personnel, un ami dévoué, un collègue très cher et un chef vénéré.

. . . .

SOCIÉTÉ LORRAINE DE CARBONISATION

CONSEIL D'ADMINISTRATION DU 3 MAI 1923.

Allocution de M. A. Dondelinger.

Messieurs,

Depuis notre dernière réunion, un deuil cruel a frappé nos deux Sociétés de Carbonisation, notre collègue et ami, M. Édouard Dreux, Administrateur de la Société Lorraine comme de l'Association Zélandaise, est mort subitement il y a quelques semaines déjà, mais nous en ressentons encore la douloureuse émotion comme si elle datait d'hier.

La perte d'un administrateur de la valeur de M. Édouard Dreux, marque une date dans l'histoire d'une Société. Aussi, si, à l'ouverture de cette séance, je prends la parole au nom des administrateurs et du personnel des deux Sociétés pour évoquer le souvenir de notre regretté Collègue et Chef, ce n'est pas seulement pour me conformer à une pieuse et touchante tradition, pour remplir un devoir personnel d'une amitié fidèle, vieille déjà de près de vingt-cinq ans. J'ai le devoir, au nom des deux Sociétés, de m'acquitter d'une dette de reconnaissance envers celui qui a été, depuis leur fondation, l'un des artisans les plus éclairés et les plus actifs de leur développement et de leur prospérité.

Retracer le rôle que M. Édouard Dreux a joué dans l'administration d'Auby et de Sluiskil serait rappeler toute l'histoire de ces deux usines ; depuis la guerre surtout, notre livre de délibérations porte à chaque page les traces des décisions importantes et heureuses prises ici sur son initiative.

Plus que vous encore, Messieurs, depuis que vous m'avez confié la charge de préparer et d'exécuter les décisions du Conseil, j'ai été à même de constater avec quelle attention M. Édouard Dreux suivait, en dehors de nos débats officiels, les problèmes variés auxquels donnaient lieu la reconstitution et l'exploitation de nos deux usines. Combien de fois ai-je pu me rendre compte par une question posée ou une indication donnée toujours avec une délicatesse et une discrétion extrêmes, qu'aucun détail, fût-il d'ordre technique, administratif ou financier, n'échappait à sa vigilance; qu'aucune difficulté ne prenait au dépourvu son esprit toujours en éveil. Cette préoccupation de prévoir et d'approfondir toute chose était bien conforme à la haute conception que M. Édouard Dreux avait de son rôle de chef d'industrie.

Nous retrouvons partout la manifestation de cette profonde conscience professionnelle, de cet absolu sentiment du devoir qui inspire toutes ses décisions et dirige tous ses actes.

Ingénieur par vocation, ayant depuis son jeune âge un idéal qu'il a d'ailleurs réalisé brillamment, M. Édouard Dreux a eu une de ces belles carrières industrielles qui font honneur aussi bien aux hommes d'élite qui ont su s'y élever, qu'aux entreprises industrielles qui ont su faire éclore de pareils talents et susciter de semblables dévouements.

Technicien accompli, organisateur remarquable aussi bien par la sûreté de son jugement que par son esprit de suite, il pouvait aborder avec la même maîtrise les problèmes si divers devant lesquels le plaçaient ses multiples et lourdes fonctions; avec une ardeur inlassable, il recherchait la solution qui répondait à toutes les préoccupations de son esprit scrupuleux.

Ces éminentes qualités industrielles s'unissaient à une noblesse et une générosité de sentiments, une droiture et une loyauté de caractère, une affabilité et une aménité de relations, et par-dessus tout, chose exquise et rare, à une modestie extrême qui lui conciliaient la sympathie et le respect de tous ceux qui l'approchaient.

Nous avons vu, par la manifestation grandiose que furent ses obsèques, à quel point il avait su capter le cœur de son personnel. Les marques émouvantes d'estime, d'affection et de reconnaissance que donnait à son regretté chef cette population ouvrière attristée et recueillie, ont été pour lui, qui de là-haut a recueilli ce solennel hommage, la plus belle des récompenses; pour ceux qu'il a laissés derrière lui, un puissant réconfort et une grande consolation dans leur douleur.

Qu'il me soit permis d'ajouter aux innombrables témoignages de regrets dont la famille de notre regretté ami a été l'objet, l'hommage ému de la Société Lorraine et de l'Association Zélandaise.

Je suis certain, Messieurs, de traduire nos sentiments unanimes, en assurant notre vénéré président, en cette douloureuse épreuve, de notre plus profonde et affectueuse sympathie et en adressant à Mme Édouard Dreux, à ses enfants et à toute sa famille, l'expression attristée de nos plus sincères et respectueuses condoléances. Le souvenir de celui qu'elle pleure restera vivant dans les annales de nos deux Sociétés comme dans les cœurs des membres du Conseil d'Administration et du personnel des deux usines.

Assemblée générale ordinaire du 8 décembre 1923.

Messieurs,

L'exercice 1922-1923, dont nous avons l'honneur de vous présenter les résultats, a été marqué par un deuil particulièrement cruel, la mort — survenue brusquement le 12 mars dernier — de notre collègue et ami, M. Édouard Dreux.

Le nom de M. Édouard Dreux occupe dans la grande industrie française, une place qu'il serait superflu de rappeler ici; nous tenons cependant à vous associer à l'hommage que votre Conseil a eu à cœur de rendre au dévouement avec lequel, malgré les hautes et multiples fonctions qu'il occupait ailleurs, M. Édouard Dreux s'acquittait de son mandat d'Administrateur de la Société Lorraine.

Sentant l'intérêt puissant que représentait pour l'industrie métallurgique, l'indépendance de son approvisionnement en coke, M. Édouard Dreux suivait avec une attention passionnée la reconstruction de notre usine d'Auby et le développement de notre production. Toutes les décisions importantes prises ici portent la marque de son esprit réfléchi, de sa conscience et de sa compétence.

Il fut pour la Société Lorraine un conseiller précieux; pour les membres du Conseil, un ami dévoué et sûr; pour le personnel de l'usine d'Auby, un patron bienveillant, foncièrement bon et juste; son souvenir restera vivant parmi nous.

Nous sommes certains d'être vos interprètes, Messieurs, en renouvelant aujourd'hui, à notre vénéré Président et à la famille de notre regretté collègue, l'hommage de notre douloureuse sympathie et de nos profonds regrets.

. . . .

ASSOCIATION COOPÉRATIVE ZÉLANDAISE DE CARBONISATION

Rapport du Conseil d'Administration sur les opérations de l'exercice 1922-1923.

MESSIEURS,

Avant d'aborder l'ordre du jour de notre Assemblée, nous avons à cœur de rendre un hommage d'affection, d'estime et de regrets à la mémoire de notre collègue et ami M. Édouard Dreux, qu'une mort foudroyante est venue enlever en pleine santé, en pleine force de l'âge, le 12 mars dernier.

Bien que n'appartenant à notre Conseil que depuis trois ans, M. Édouard Dreux assistait à nos réunions, en qualité de directeur général de la Société des Aciéries de Longwy, depuis la fondation de l'Association. Pressentant le rôle que l'usine de Sluiskil devait jouer un jour dans l'alimentation des usines dont il avait la charge, il a suivi avec un intérêt particulier le développement de nos affaires; la prospérité que celles-ci ont connue depuis deux ans, sont en grande partie son œuvre.

Nous garderons de lui un souvenir ineffaçable fait de la reconnaissance que méritent les services qu'il a rendus à l'Association, de l'affection et de l'estime dues à ses belles et rares qualités personnelles et enfin de l'admiration que commande son talent.

Nous vous prions de vous associer à votre Conseil pour adresser aujourd'hui, à votre vénéré Président, et à la famille de notre cher collègue, l'expression de nos vives condoléances et de notre profonde sympathie.

. . . .

CHAMBRE DE COMMERCE DE NANCY

Séance du 10 avril 1923.

Présidence de M. Bertrand-Oser, vice-président.

Avant d'aborder l'ordre du jour, M. le Président prononce l'allocution suivante :

Mes chers Collègues,

J'ai le devoir d'évoquer aujourd'hui, devant vous, la mémoire d'un de nos membres correspondants, M. Édouard Dreux, enlevé en pleine activité, en pleine maturité, à notre Compagnie et à l'affection des siens.

Vous vous souvenez que notre Président, M. Alexandre Dreux, était venu passer deux journées entières à Nancy les 9 et 10 mars, pour diriger successivement les délibérations de notre Chambre, de la Région économique de l'Est, de l'Office des Transports de l'Est et de la Société Régionale d'Études du Rhin qu'il préside.

Il nous avait quittés le samedi soir, après ces deux journées bien remplies, pour se rendre directement à Paris, où il devait prendre part, assisté de son fils, à diverses réunions commerciales et corporatives qui ont lieu régulièrement chaque mois.

M. Édouard Dreux, absorbé par des tâches urgentes, n'avait pu assister à notre dernière séance, et, en s'excusant, il avait adressé à notre secrétaire général les premiers éléments d'un rapport qu'il se proposait de présenter sur la question de main-d'œuvre étrangère.

Ceux d'entre vous qui étaient présents à la réunion de Commission du 9 mars au matin n'ont pas oublié que ce jour-là nous avons, les uns et les autres, insisté auprès de notre Président pour que son fils voulût bien se charger de ce rapport.

La chose avait été convenue, et nous pensions revoir M. Edouard Dreux aujourd'hui même.

Si je rappelle ces détails, c'est pour faire sentir combien fut profonde notre stupeur à tous lorsque nous parvint, le mardi 13, la nouvelle du décès de M. Édouard Dreux, survenu la veille au soir.

Notre regretté Collègue, vous le savez, est mort subitement, en voiture, au retour d'une réunion commerciale, alors qu'il rentrait auprès des siens.

M. Édouard Dreux n'avait pu encore, nommé depuis trop peu de temps, donner sa mesure à la Chambre de Commerce de Nancy, mais nous connaissions son mérite, ses travaux antérieurs, et nous étions assurés que le choix que nous avions fait de lui comme membre correspondant était aussi justifié qu'il se pouvait.

M. Édouard Dreux, ancien élève de l'École centrale des Arts et Manufactures, s'était lancé avec ardeur dans l'industrie à sa sortie de cette grande école. Ne ménageant pas sa peine, il avait voyagé, travaillé en Allemagne et notamment dans la région de la Ruhr, où nous sommes aujourd'hui.

Rentré à Mont-Saint-Martin, le secondant de toutes ses forces, il avait, pendant plusieurs années, collaboré avec son père, à la grande tâche qui incombait à celui-ci, et, à la veille de la guerre, il remplissait les fonctions de sous-directeur des importantes Aciéries de Longwy, dont notre éminent Président était alors Administrateur-Directeur général.

Mobilisé dans l'artillerie, M. Édouard Dreux fit vaillamment son devoir, pendant que son père, n'ayant pas voulu abandonner les usines qui lui était confiées, vivait les dures années de l'occupation ennemie, travaillant avec sa digne compagne à en adoucir l'amertume et la rigueur à son personnel.

Invité par le ministre de la Guerre, en raison de sa compétence spéciale d'ingénieur et de métallurgiste, à collaborer à la fabrication de munitions, M. Édouard Dreux, avec un esprit de décision et d'organisation remarquable — et dont, il faut le dire à l'honneur de notre industrie lorraine, tous ses chefs ont donné l'exemple — fit édifier les usines d'Aubervilliers et de Saint-Denis, qui fournirent jusqu'à la fin de la guerre un concours précieux à la défense nationale.

Nommé chevalier de la Légion d'Honneur, M. Édouard Dreux, au lendemain de l'armistice, ayant définitivement fait ses preuves, fut choisi par le Conseil d'Administration des Aciéries de Longwy comme Administrateur-Directeur général de cette grande Société, son père, M. Alexandre Dreux, étant chargé par ses collègues de la délégation du Conseil, avec le titre de Vice-Président qu'il devait bientôt échanger contre celui de Président.

Les Aciéries de Longwy avaient été complètement dévastées; dépouillées de tout ce qui pouvait être emporté, détruites pour le reste par la volonté préméditée de nos ennemis, soucieux de supprimer toute concurrence gênante pour leur métallurgie et de tarir les sources de notre production nationale.

Une tâche énorme de reconstitution s'imposait à notre Président et à son fils. Elle ne les effraya pas et ils s'y adonnèrent avec le plus grand courage et une ténacité qui commence à porter ses fruits.

Faut-il penser que les fatigues qu'elle imposa à M. Édouard Dreux, qui en portait le plus directement le fardeau, furent la cause de sa mort?

S'il en est ainsi, il sera mort en héros sur le champ de bataille du travail; cette pensée offre une grande consolation à ceux qui le pleurent aujourd'hui.

La disparition de M. Édouard Dreux cause un vide dans la phalange des jeunes industriels, de qui dépend, pour une grande part, la prospérité de notre Lorraine.

Aussi, mes chers Collègues, emporte-t-il tous nos regrets. Il avait conquis d'emblée nos sympathies et nous fondions sur lui beaucoup d'espoir pour sa collaboration à nos travaux. Nous étions heureux de le voir dans notre Assemblée, que préside avec une assiduité si scrupuleuse, malgré les nombreuses occupations qui l'absorbent, notre affectionné Président.

C'est vers lui que nous nous tournons, maintenant, en songeant à sa grande douleur, de voir moissonné son fils aîné qui devait reprendre de ses mains la gestion du beau domaine industriel dû au labeur de notre Président, pour lui dire combien et de quel cœur nous prenons part à l'immense malheur qui l'a frappé.

Mais ce malheur n'abattra pas son énergie. La vaillance de son caractère le dépasse et, déjà notre Président, après avoir conduit son fils à sa dernière demeure, reprend en mains la direction de son entreprise.

Je tiens à lui en dire toute notre admiration et à lui renouveler aujourd'hui, en son absence, le témoignage de notre profonde sympathie, de notre affection et de notre dévouement. Ce témoignage lui fut porté, en notre nom à tous, le jour des obsèques de M. Édouard Dreux, par une délégation de notre Compagnie, conduite par M. Alfred Krug.

Je vous demanderai, enfin, mes chers Collègues, de vous unir à moi, pour renouveler également à la famille de notre Président et à celle de son fils, notre regretté Collègue, l'hommage de nos condoléances attristées.

CHAMBRE DE COMMERCE DE SEDAN

Séance du 18 juin 1923.

Présidence de M. Henry Lombard.

Vous avez tous appris la mort de notre collègue M. Édouard Dreux, membre correspondant de notre Chambre, frappé à Paris et enlevé si rapidement à l'affection des siens.

Je me suis empressé, en votre nom et au mien, d'exprimer à M. Alexandre Dreux, son père, Président de la Chambre de Commerce de Nancy, toute la part que nous prenions à son grand chagrin. M. Guillet a bien voulu accepter de représenter la Compagnie à ses obsèques ; je lui adresse ici tous nos remerciements.

M. Alexandre Dreux m'a fait parvenir la carte suivante :

« Vous remercie de tout cœur de la part que vous prenez au deuil cruel qui vient de le frapper. Il vous prie d'être son interprète auprès de vos collègues et de leur dire combien, lui et sa famille, ont été sensibles à leur attention. »

M. Édouard Dreux faisait tout son possible pour assister à nos séances; malheureusement, il en était souvent empêché par ses multiples occupations. Nous perdons en lui un collègue éclairé dont les avis nous étaient très précieux.

Conservons un fidèle souvenir de son affabilité et de son grand désir de contribuer au développement de notre Chambre.

. . . .

SOCIÉTÉ DES PRODUITS RÉFRACTAIRES DE LONGWY

Assemblée générale ordinaire des actionnaires du 24 novembre 1923.

Messieurs,

Au cours de notre année sociale, un deuil particulièrement cruel a frappé votre Conseil d'administration et la Société tout entière.

Le 12 mars dernier, une mort foudroyante enlevait, en pleine activité, M. Édouard Dreux, à l'affection de sa famille et de ses nombreux amis.

Un hommage solennel a été rendu à cet homme de devoir dans les grandes Sociétés, où ses conseils étaient si justement appréciés.

Mais ce fut un de ses grands mérites de consacrer également ses efforts et son temps aux affaires plus modestes comme la nôtre, qui eurent la bonne fortune de recevoir ses directives.

Il avait apporté sans compter à notre industrie, parfois ingrate et toujours difficile, un concours inappréciable, suivant de près les progrès de nos fabrications, les inspirant souvent et ne négligeant rien pour faire de votre usine le complément indispensable de la grande métallurgie régionale.

Son souvenir doit rester ici toujours présent.

Vous vous associerez aux regrets infinis que nous laisse une mort si cruelle et si prématurée.

. . . .

SOCIÉTÉ LORRAINE MINIÈRE ET MÉTALLURGIQUE

Conseil d'Administration du 21 avril 1923.

M. Robard se fait l'interprète de ses collègues pour exprimer à son président, M. Alexandre Dreux, toute la part que les membres du Conseil prennent à son immense douleur. La mort si soudaine de M. Édouard Dreux les a profondément émus et attristés. M. Édouard Dreux tenait dans le Conseil de la Société Lorraine minière et métallurgique une place importante. Sa perte a été vivement ressentie par tous.

M. Hentschel associe à ces regrets la direction et les membres du personnel de la Société Lorraine minière et métallurgique, qui perdent en la personne de M. Édouard Dreux un conseiller extrêmement précieux.

M. Alexandre Dreux remercie les membres du Conseil et la direction de la Société Lorraine minière et métallurgique de ce nouveau témoignage de sympathie auquel il est extrêmement sensible.

. . . .

Assemblée générale des actionnaires du 16 novembre 1923.

Avant de vous rendre compte des résultats de l'exercice 1922-1923, nous avons à vous rappeler la perte cruelle que notre Société a faite au début de cette année en la personne de M. Édouard Dreux.

Cette perte frappe doublement votre Société, puisque M. Édouard Dreux était à la fois votre Administrateur et le fils de votre Président.

M. Édouard Dreux a été pour votre Société l'ouvrier de la première heure. Malgré le labeur écrasant que lui imposait sa charge d'administrateur-directeur général de la Société des Aciéries de Longwy, il a assuré personnellement les études qui ont précédé l'acquisition du domaine minier et métallurgique de votre Société et qui ont permis de lui donner sa forme définitive.

Depuis cette époque jusqu'à sa fin prématurée, il n'a cessé d'assister régulièrement aux séances du Conseil et d'apporter à ses collègues le concours inappréciable de son expérience et de son savoir.

Vous serez tous d'accord avec nous, Messieurs, pour rendre ici à sa mémoire un suprême hommage et assurer notre Président du souvenir ineffaçable que son passage trop court aura laissé parmi nous.

. . . .

SOCIÉTÉ LONGOVICA

Conseil d'Administration du 16 avril 1923.

En ouvrant la séance, M. Champin évoque le souvenir de M. Édouard Dreux, enlevé subitement à l'affection de sa famille et de ses amis le mois dernier, presque à l'issue du Conseil de Longovica.

M. Champin rappelle qu'il avait été le véritable promoteur de notre groupement, auquel il n'avait cessé d'apporter ses avis éclairés.

Tous ses collègues du Conseil de Longovica conserveront avec émotion le souvenir de son caractère affable et de sa cordiale amitié.

M. Olivier ajoute que la direction et le personnel de Longovica partagent entièrement les sentiments qui viennent d'être exprimés par M. Champin et demandent à s'associer à l'hommage qui vient d'être rendu par le Conseil au fondateur de notre Compagnie.

M. Chardot présente les excuses de M. le Président, qui n'aurait pas pu assister à la réunion en raison du souvenir trop cruel qu'elle évoquait pour lui.

. . . .

Comité de direction du 16 avril 1923.

Présidence de M. Champin.

Tous les membres du Comité étaient présents, à l'exception de M. Soreau.

M. le Président exprime la douleur très vive qu'il a éprouvée personnellement et que tous ses collègues du Comité et le personnel de la Société Longovica ont également ressentie à l'occasion de la mort inattendue de M. Édouard Dreux.

Les membres du Comité et M. le Directeur s'associent pleinement au témoignage de sympathie exprimé par M. le Président, et le chargent de présenter leurs respectueuses condoléances à M. Dreux.

. . . .

SOCIÉTÉ LOUVROIL ET RECQUIGNIES

Assemblée générale ordinaire du 17 octobre 1923.

Votre Conseil a été cruellement éprouvé par la mort de son éminent collègue, M. Édouard Dreux, dont vous avez apprécié, comme nous, le parfait dévouement à vos intérêts, la compétence avisée et la grande expérience industrielle.

Sa mort est une perte irréparable pour notre Société.

Nous sommes certains d'exprimer vos sentiments unanimes en renouvelant à la famille de notre regretté collègue l'expression de notre sympathie attristée.

Nous vous demandons de donner à la succession de M. Édouard Dreux quitus de sa gestion d'administrateur.

. . . .

ATELIERS DE CONSTRUCTION DU NORD DE LA FRANCE

Assemblée générale ordinaire du 10 novembre 1923.

Nous avons l'honneur de vous présenter notre rapport sur les comptes de l'exercice 1922-1923 et sur la situation des affaires sociales.

Mais, avant tout, votre Conseil d'Administration tient à exprimer les profonds regrets que lui a causés la disparition d'un de ses membres les plus dévoués, M. Édouard Dreux, décédé subitement le 12 mars dernier. Par son affabilité autant que par sa grande expérience administrative et technique, M. Édouard Dreux avait su prendre une place prépondérante dans l'estime et l'amitié de ses collègues du Conseil.

. . . .

FORGES ET ATELIERS DE COMMENTRY-OISSEL

Conseil d'Administration du 23 avril 1923.

. . . .

Communication du président. — M. Perchot déclare que la réunion du Conseil, qui devait avoir lieu le 19 mars, n'a pas été tenue, à la demande des administrateurs, en raison du deuil douloureux qui venait de frapper la Société.

La mort soudaine de M. Édouard Dreux a, en effet, profondément affecté les membres du Conseil.

Bien qu'accaparé par le soin d'affaires considérables, M. Édouard Dreux n'oubliait jamais qu'il était vice-président de Commentry-Oissel et il rendait d'éminents services à cette Société.

Tous ceux qui en font partie s'en rendaient compte, et tous savent que sa disparition constitue pour la Société une perte irréparable.

M. Perchot rappelle quelle compétence et quelle conscience, quelle haute droiture distinguaient M. Édouard Dreux : il appartenait à cette élite qui fait vraiment honneur à l'industrie française.

M. Maury, administrateur-délégué, indique que le jour même où il succomba, M. Édouard Dreux tint à donner à Commentry-Oissel de nouveaux témoignages de sa constante sollicitude; il fit alors bénéficier notre Société d'informations d'une utilité immédiate.

Le deuil qui atteint les membres du Conseil a aussi grandement affecté la direction de la Société et le personnel des usines.

MM. Kone et Lapeyre s'associent à l'hommage si justifié rendu au regretté Vice-Président et expriment le vœu qu'un administrateur des Aciéries de Longwy vienne occuper le siège que ce triste événement laisse vide au Conseil.

M. Perchot déclare alors que ce vœu répond aux vues de M. Alexandre Dreux, qui désire qu'aucune partie de l'œuvre à laquelle s'était voué M. Édouard Dreux ne soit négligée ou abandonnée.

Résolution.

Le Conseil d'Administration demande à l'unanimité à son président, M. Perchot, de bien vouloir renouveler à M. Alexandre Dreux ses respectueuses condoléances, et le remercier du bienveillant intérêt qu'il porte à Commentry-Oissel : une place est d'ores et déjà réservée au Conseil de cette Société pour un administrateur des Aciéries de Longwy, en remplacement de M. Édouard Dreux.

Assemblée générale ordinaire des actionnaires du 29 juin 1923.

. . . .

Le Conseil doit vous rendre compte des modifications survenues dans sa composition depuis la dernière Assemblée générale.

Il a éprouvé deux pertes douloureuses. Son vice-président, M. Édouard Dreux, est mort subitement en mars dernier.

M. Édouard Dreux était un grand industriel, remarquable par sa haute conscience autant que par l'étendue de sa compétence et par son activité soutenue.

Il prenait l'intérêt le plus marqué au développement de notre Société. Il réussit à lui rendre des services inappréciables. Aussi sa mémoire sera-t-elle fidèlement conservée parmi nous; son nom évoquera toujours ici des sentiments de respect et de gratitude.

. . . .

SOCIÉTÉ JOUBERT & CIE

Conseil d'Administration du 14 mars 1923.

Présidence de M. Champin.

M. le Président fait part au Conseil de la mort subite de M. Édouard Dreux, et rappelle combien sa collaboration constante et appréciée était utile à la Société.

Les membres du Conseil d'Administration s'associent unanimement aux regrets très vifs exprimés par le président.

. . . .

COMPTOIR DE L'INDUSTRIE

Assemblée générale du 14 avril 1923.

Messieurs,

Avant de vous présenter les résultats de l'exercice écoulé, nous avons le devoir de rendre un hommage attristé à la mémoire de M. Édouard Dreux, notre Administrateur, décédé subitement le 12 mars.

Il avait représenté les Aciéries de Longwy a leur entrée dans notre Société au moment de sa fondation et depuis, il n'avait cessé de nous donner, avec le concours de ses conseils éclairés, les marques d'une sympathie affectueuse.

Il était heureux de voir la progression constante de notre affaire et ses yeux s'éclairaient quand il envisageait l'avenir, qu'il aimait à voir florissant, du Comptoir de l'Industrie.

Nous garderons le souvenir de la bonne grâce souriante de celui qui était pour les membres de notre Conseil d'Administration plus qu'un bon collègue, un ami sûr et dévoué.

. . . .

ENTREPOTS MÉTALLURGIQUES DE NANTES

Assemblée générale du 19 octobre 1923.

Messieurs,

Avant de vous rendre compte de la gestion du deuxième exercice de notre Société, nous vous rappelons que nous avons eu à déplorer la disparition de notre Président, M. Édouard Dreux, décédé subitement le 12 mars dernier.

Il est bien inutile de vous rappeler que M. Édouard Dreux avait contribué pour beaucoup à la fondation de notre Société. Aussi nous perdons en lui un Président prudent et avisé et vous prions d'adresser à sa famille un souvenir ému et reconnaissant.

En remplacement de M. Édouard Dreux, nous avons prié M. Alexandre Dreux de vouloir bien assumer la charge de Président de notre Société et représenter provisoirement la Société des Aciéries de Longwy dans notre Conseil d'Administration.

. . . .

AERTS-PÉQUART & Cie

Assemblée générale ordinaire du 8 janvier 1924.

Rapport du Conseil de gérance.

Messieurs,

Avant de vous rendre compte de la marche de notre Société au cours de l'exercice 1922-1923, nous tenons à rappeler l'épreuve cruelle qui nous a atteints comme un deuil de famille. Le Président de notre Conseil de surveillance avait été, il y a plus de trente ans, le camarade de lycée de l'un des gérants, et des liens plus étroits avaient transformé cette ancienne camaraderie en une fraternelle affection. Il était un ami sincère et dévoué des gérants de notre Société, qui ont trouvé en lui un conseiller judicieux et attentif, un censeur prudent et avisé, un critique plein de finesse et de souriante bienveillance et possédant une grande expérience, acquise au cours de sa belle carrière d'ingénieur et d'industriel.

Il avait su ainsi, avec une surprenante rapidité, inspirer à tous les gérants une pleine confiance et une parfaite estime, et sa constante bonne grâce faisait spontanément germer l'affection. Nous regretterons toujours qu'une trop courte collaboration n'ait pas laissé le temps à ce sentiment, trop rare en affaires, d'atteindre son entier épanouissement et d'en permettre les manifestations.

Dans tous les Conseils d'Administration des nombreuses sociétés dont il faisait partie, des voix autorisées ont exprimé le profond chagrin causé par son départ si brusque, si imprévu. Elles ont dit toutes les qualités de travail, d'esprit et de cœur de celui qui n'a laissé autour de lui que des regrets.

Nous redirons seulement sa très grande bonté, son désir de rendre service et de faire le bien, sa crainte de causer la moindre peine, et nous conserverons le souvenir de l'homme charmant qui a porté tant d'intérêt à notre Société.

CHARBONNAGES DE FAULQUEMONT

Assemblée générale du 18 mai 1923.

. . . .

D'autre part, il y a quelques semaines à peine, notre collègue, M. Édouard Dreux, Administrateur-Directeur général des Aciéries de Longwy, a été enlevé subitement à l'affection des siens alors que rien ne pouvait laisser prévoir un tel dénouement. Vous vous associerez certainement, Messieurs, aux sentiments que nous avons déjà exprimés à sa famille et en particulier à son père, notre Vice-Président.

. . . .

CHARBONNAGES DE HAUTE-VIGNEULLES

. . . .

L'un de nos collègues, M. Édouard Dreux, est décédé subitement il y a quelques semaines.

C'est pour notre Société une très grande perte, tant nous était précieuse sa collaboration.

Vous vous associerez certainement aux regrets très vifs que nous avons éprouvés et aux sentiments de douloureuse sympathie que nous avons exprimés au nom de notre Société à M. Alexandre Dreux, son père, et à sa famille.

. . . .

CHARBONNAGES DE LONGEVILLE

. . . .

Nous avons eu, il y a quelques semaines, la très grande douleur de perdre notre collègue, M. Édouard Dreux, administrateur-directeur général de la Société des Aciéries de Longwy.

La grande expérience et la haute compétence de M. Édouard Dreux rendaient son concours particulièrement précieux à votre Société. Pour elle, en même temps que pour toute l'industrie française, la disparition si brutale et si inattendue de M. Édouard Dreux constitue une perte irréparable.

Vous vous associerez certainement, Messieurs, aux sentiments que nous exprimons dans ces douloureuses circonstances à notre Président Administrateur-Délégué, M. Alexandre Dreux.

COMPTOIR SIDÉRURGIQUE DE FRANCE

Comité de direction du 14 mars 1923.

Dès l'ouverture de la séance, M. le Président, se faisant l'interprète de l'émotion du Comité de direction à la nouvelle du décès de M. Édouard Dreux, Administrateur-Directeur général des Aciéries de Longwy, emporté subitement lundi à la fin d'une journée de travail, prie M. Maurice présent à la séance, d'être auprès de M. Alexandre Dreux l'interprète de ses sentiments et de ceux des membres du Comité, qui s'associent de tout cœur à l'hommage rendu par M. le Président à la mémoire du collègue et de l'ami qu'ils viennent de perdre.

. . . .

Conférence générale des contractants du 15 mars 1923.

Dès l'ouverture de la séance, M. le Président se fait l'interprète de l'émotion profonde et douloureuse qu'éprouve l'Assemblée en raison de la mort subite de M. Édouard Dreux, survenue lundi à la fin d'une journée de travail, émotion d'autant plus vive que M. Édouard Dreux était un ami pour tous ceux qui le connaissaient.

M. le Président évoque à grands traits la rapide et brillante carrière de M. Édouard Dreux qui, à sa sortie de l'École centrale des Arts et Manufactures, après divers stages et missions à l'étranger d'où il avait rapporté une documentation remarquée, débuta aux Aciéries de Longwy auxquelles il se consacra tout entier ; après y avoir rempli les fonctions d'ingénieur des services techniques et s'être mis pleinement au courant des affaires, il en devint Sous-Directeur quelques années avant la guerre ; mobilisé en août 1914 comme officier d'artillerie et rappelé contre son gré vers juillet 1915 pour s'occuper de la fabrication des obus de gros calibre, il créa les usines d'Aubervilliers et de Saint-Denis avec une rapidité qui lui valut des félicitations officielles. Après l'armistice, son père, M. Alexandre Dreux étant devenu président de la Société des Aciéries de Longwy, il en fut nommé Administrateur-Directeur général et s'attacha particulièrement à la reconstitution des usines de Mont-Saint-Martin ; il meurt au moment où cette œuvre peut être considérée comme achevée et alors qu'il allait pouvoir redonner aux affaires de la Société toute leur ampleur.

M. le Président ajoute que M. Édouard Dreux, qui entre temps avait été nommé Chevalier de la Légion d'Honneur, alliait à une grande modestie, la première qualité du chef, le sens de la responsabilité et la conscience des devoirs qu'elle impose plus que des droits qui y sont attachés ; c'est pour l'accomplissement de ces devoirs qu'il s'est dépensé jusqu'à ses derniers instants.

M. le Président associe le Comptoir à la perte que font les Aciéries de Longwy en la personne de M. Édouard Dreux et demande à M. Maurice de transmettre à M. Alexandre Dreux, pour qui cette perte est un deuil irréparable, l'expression de la vive et douloureuse sympathie de l'Assemblée.

En quelques paroles émues, M. Maurice remercie et accepte cette mission.

. . . .

COMPTOIR DES TOLES ET LARGES-PLATS

Conférence des contractants du 16 mars 1923.

Dès l'ouverture de la séance, M. le Président, interprète des sentiments émus et unanimes de tous les adhérents, de la direction et du personnel du Comptoir des Tôles et Larges-Plats, prie M. Adrien Maurice de vouloir bien exprimer à M. Alexandre Dreux et à toute sa famille, de même qu'à l'Administration et au personnel de la Société des Aciéries de Longwy, toute la part que chacun prend au grand malheur qui vient de les frapper par la disparition si prématurée et si foudroyante de M. Édouard Dreux.

Il leur adresse l'expression de toute la sympathie la plus vive et la plus douloureuse des membres du Comptoir.

Il rend hommage à l'admirable passé de travailleur loyal et opiniâtre que fut l'ami et le collègue enlevé à l'affection de tous, et rappelle avec émotion que ce triste événement s'est produit quelques minutes après que M. Édouard Dreux avait quitté la rue Balzac où il venait d'assister avec ses confrères aux travaux mensuels du Comité de direction, dont il faisait partie depuis l'entrée des Aciéries de Longwy au Comptoir.

M. le Président s'excuse de ne pouvoir assister personnellement aux obsèques de M. Édouard Dreux et demande à M. Vital Hicguet de vouloir bien y représenter toute l'Administration du Comptoir.

M. Adrien Maurice, très affecté et particulièrement atteint par cette grande perte dans ses sentiments d'amitié et de respectueux dévouement à M. Dreux et à toute sa famille, et toujours sous la terrible émotion que lui a causé ce douloureux événement, remercie M. le Président de ses bonnes paroles, qu'il se fera un pieux devoir de transmettre à M. Alexandre Dreux et aux siens, ainsi qu'à toute la grande famille des Aciéries de Longwy.

CAISSE SYNDICALE D'ASSURANCE MUTUELLE DES FORGES DE FRANCE CONTRE LES ACCIDENTS DU TRAVAIL

Conseil d'Administration du 14 mars 1923.

En ouvrant la séance, M. Pralon, Vice-Président, fait part au Conseil de la perte cruelle que vient d'éprouver M. Alexandre Dreux, Président de la Société, en la personne de son fils, M. Édouard Dreux, Administrateur-Directeur général de la Société des Aciéries de Longwy, mort subitement le 12 mars 1923.

Il rappelle en termes émus les mérites de M. Édouard Dreux et les services qu'il avait rendus à la fois à la Société des Aciéries de Longwy et à la Défense nationale pendant la guerre dans les lourdes fonctions dont il avait assumé la charge.

Il se fait l'interprète de tous ses collègues pour adresser à M. Alexandre Dreux l'expression de leur douloureuse sympathie dans le malheur qui le frappe.

Tous les membres du Conseil s'associent aux paroles exprimées par M. Pralon et décident que la Caisse syndicale sera représentée aux obsèques par le directeur général, M. Raymond Senly.

. . . .

COMMISSION DE LA SALLE DES FÊTES

Réunion du 13 juin 1923.

Avant d'ouvrir la séance, M. le Président, se faisant l'interprète de ses collègues, adresse un souvenir ému à la mémoire de M. Édouard Dreux, Président d'honneur de la Commission des fêtes de la Société des Aciéries de Longwy, qui a toujours porté un grand intérêt aux travaux de cette Commission.

Il rappelle d'une façon toute particulière la bienveillante sollicitude que M. Édouard Dreux a toujours eue pour tout son personnel, sollicitude qui pénétrait jusque dans les moindres détails.

Dans les heures les plus difficiles, alors que tout son travail et son temps étaient absorbés par les nombreuses et importantes questions que ses fonctions lui réservaient chaque jour, M. Édouard Dreux trouva, malgré tout, le moyen de s'occuper des distractions du personnel des usines de Mont-Saint-Martin et consacra souvent une partie de ce temps si précieux pour perfectionner des œuvres qui lui étaient particulièrement chères.

. . . .

ASSOCIATION DES ANCIENS ÉLÈVES DE L'ÉCOLE CENTRALE DES ARTS ET MANUFACTURES

GROUPE DE LONGWY-LUXEMBOURG

Réunion du 3 novembre 1923.

M. Henri Thomas prononce l'allocution suivante :

Mes chers Camarades,

Ce matin, nous avons rempli un pieux devoir en faisant célébrer, à l'église de Gouraincourt, un service pour le repos de l'âme de notre regretté camarade Édouard Dreux, et en portant sur sa tombe une couronne de chrysanthèmes, humble symbole de nos regrets.

Je tiens, ce soir encore, à évoquer la mémoire de notre cher disparu.

Il y a juste un an, à cette même table, en ce même dîner fraternel des Centraux du groupe Longwy-Luxembourg, il occupait en face de moi sa place de Vice-Président; il avait tenu même à faire les frais d'une soirée charmante que vous n'avez pas oubliée.

C'est avec une profonde émotion que je garde toujours présent le souvenir de la journée tragique du 12 mars dernier où, après avoir travaillé avec lui jusqu'à 5 heures, je le retrouvai deux heures plus tard sur son lit de mort.

Partout où il a passé, Édouard Dreux a marqué sa place, une place de choix.

On a loué comme il convenait, dans les sociétés qu'il administrait, ses mérites, qui étaient grands et semblent plus grands encore depuis qu'il n'est plus. Mais ce que je veux saluer aujourd'hui, ce sont ses qualités d'homme de bien et de bon camarade.

Tous ceux qui l'ont approché — et ils sont nombreux, car, malgré ses hautes fonctions, il se laissait facilement approcher, — ont rencontré chez lui un accueil toujours bienveillant; il était foncièrement bon, il resta droit, loyal et juste. Il eut l'estime, je dirai même l'affection de ses pairs, comme de ceux qu'il était appelé à diriger.

Plusieurs d'entre nous ont perdu en lui un ami éprouvé. Pour nous tous, c'est un excellent camarade qui disparaît.

Vous savez quel intérêt il portait à notre groupe. Nous garderons de sa mémoire un souvenir ineffaçable.

UNION DES OFFICIERS DE COMPLÉMENT DE LONGWY-LUXEMBOURG

Assemblée générale du 20 janvier 1924.

Messieurs et chers Camarades,

Conformément à l'article 4 de nos statuts, nous vous avons convoqués aujourd'hui en assemblée générale pour vous rendre compte du fonctionnement de votre Union depuis son assemblée constitutive du 6 janvier 1923.

Mais, avant tout, nous tenons à rendre un hommage ému à la mémoire de notre regretté camarade Édouard Dreux, chevalier de la Légion d'honneur, lieutenant de réserve au 61e régiment d'artillerie de campagne, dont vous avez, comme nous, apprécié les hautes qualités, puisque vos suffrages l'avaient appelé l'an dernier à faire partie de votre Comité.

Toutefois, par une délicatesse qui était le propre de sa nature, il a cru devoir décliner ces fonctions, craignant que le labeur écrasant qu'il assumait ne lui permette pas de se donner entièrement, comme il avait coutume de le faire, au développement de votre Société.

Nous ne vous retracerons pas la brillante carrière de M. Édouard Dreux qui vous est trop connue, mais notre devoir est de rappeler brièvement les services qu'il a rendus au pays pendant la guerre.

Mobilisé comme lieutenant au 61e régiment d'artillerie, il rejoint son poste dès les premiers jours et prend pendant dix-huit mois une part active à toutes les opérations qui se sont déroulées dans le secteur de Verdun, jusqu'au moment où sa grande compétence technique et administrative le désigne à l'attention des services de l'armement, mais ce n'est que sur l'insistance renouvelée du ministre qu'il consent à quitter ses camarades du front pour installer de toutes pièces et diriger ensuite deux puissantes usines de matériel de guerre, qui lui ont valu les félicitations des services de l'armement.

Nombreux ont été les membres de notre Union qui l'ont accompagné à sa dernière demeure, et tous ont tenu à faire déposer sur sa tombe une palme impérissable du souvenir. Nous n'oublierons certes jamais cet excellent camarade, au cœur duquel on ne faisait jamais appel en vain, et nous sommes assurés d'être votre interprète à tous en renouvelant à sa famille l'expression de notre sympathie respectueuse et attristée.

INDEX

IMPRIMERIE BERGER-LEVRAULT, NANCY-PARIS-STRASBOURG — 1925

www.ingramcontent.com/pod-product-compliance
Ingram Content Group UK Ltd.
Pitfield, Milton Keynes, MK11 3LW, UK
UKHW022133260726
13993UKWH00003B/1401

9 782329 551708